Explora nuevas ideas.

lectura y escritura

Lee una y otra vez literatura hermosa y textos informativos.

Aprende a escribir mejor.

Aplica lo que has aprendido para descubrir las Maravillas de la lectura.

¡Conéctate! www.connected.mcgraw-hill.com
Explora tu taller interactivo de lectura y escritura.

(tl) Superstudio/The Image Bank/Getty Images; (ct) Jason Chapman; (cb) Robert Daly/OJO Images/Getty Images; (b) Nathan Love

Mc
Graw
Hill
Education

Bothell, WA • Chicago, IL • Columbus, OH • New York, NY

Cover and Title pages: Nathan Love

www.mheonline.com/lecturamaravillas

Copyright © 2014 McGraw-Hill Education

Send all inquiries to:
McGraw-Hill Education
Two Penn Plaza
New York, New York 10121

ISBN: 978-0-02-125819-2
MHID: 0-02-125819-8

Printed in the United States of America.

3 4 5 6 7 8 9 DOW 18 17 16 15

A

McGraw-Hill Lectura

Maravillas

CCSS **Lectura / Artes del lenguaje**

Autores

Jana Echevarria   Gilberto D. Soto

Teresa Mlawer   Josefina V. Tinajero

Mc
Graw
Hill
Education

Bothell, WA • Chicago, IL • Columbus, OH • New York, NY

Unidad 1

¡A conocernos!

La gran idea

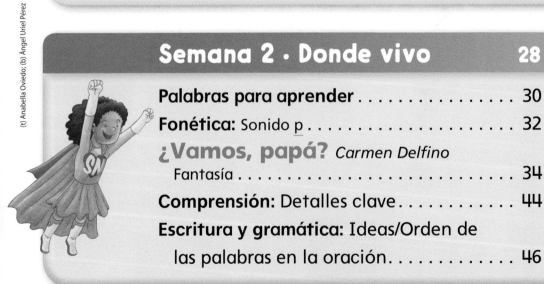

¡Conéctate! Las lecciones están en www.connected.mcgraw-hill.com.

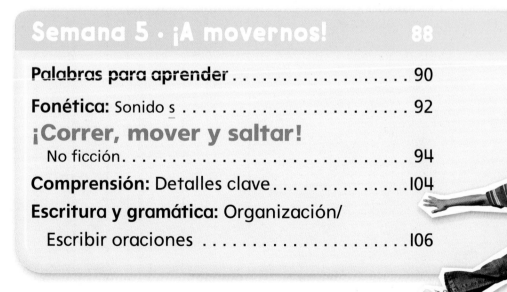

Unidad 1

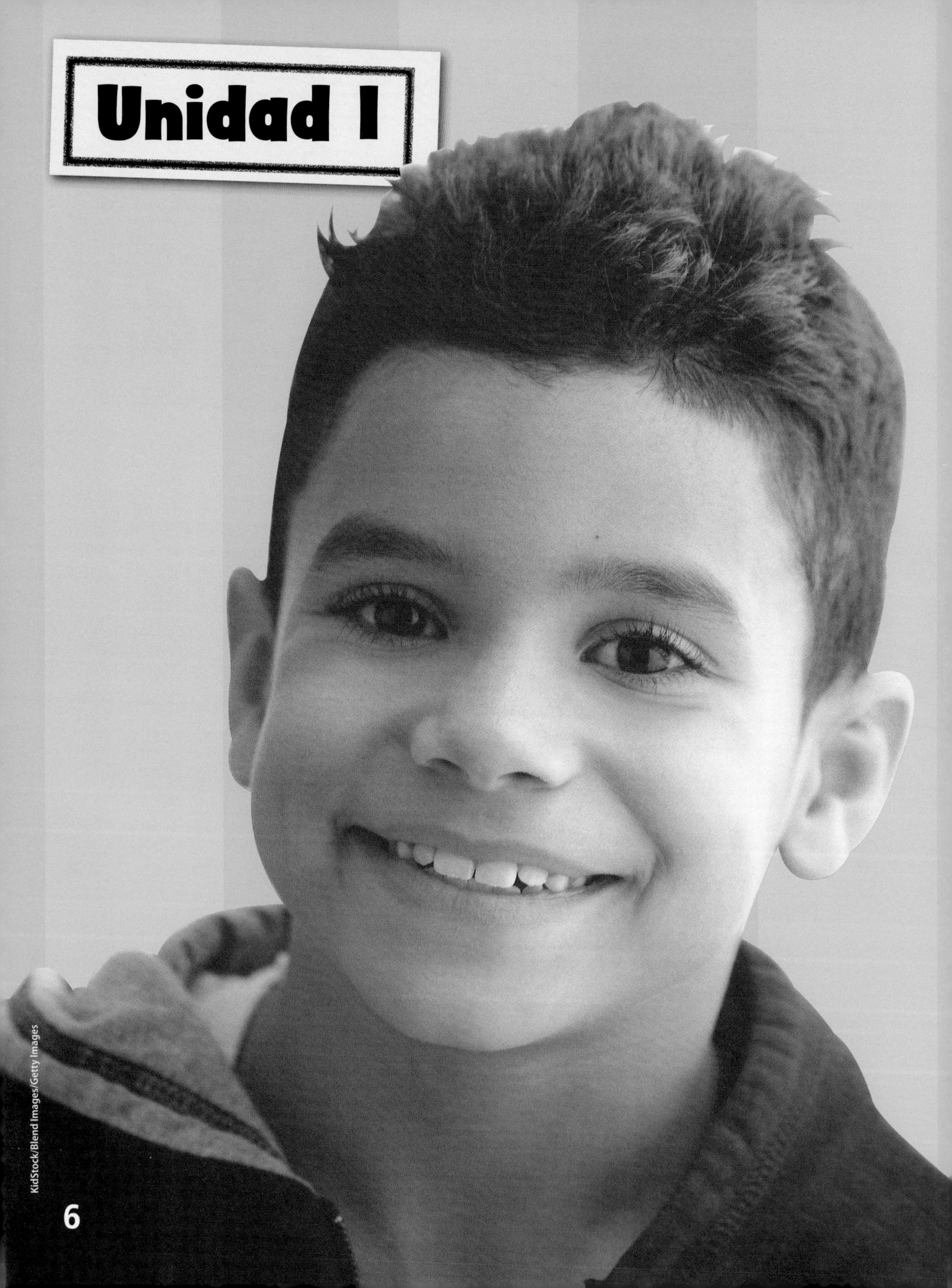

KidStock/Blend Images/Getty Images

Los sentidos

—Niño, vamos a cantar
una bonita canción;
yo te voy a preguntar,
tú me vas a responder.

—Los ojos, ¿para qué son?
—Los ojos son para ver.
—¿Y el tacto? —Para tocar.
—¿Y el oído? —Para oír.

—¿Y el gusto? —Para gustar.
—¿Y el olfato? —Para oler.
—¿Y el alma? —Para sentir,
para querer y pensar.

Amado Nervo

La gran idea

¿Por qué eres especial?

Pregunta esencial

¿Qué haces en tu escuela?

¡Conéctate!

De vuelta a la escuela

COLABORA

Coméntalo

¿Qué hacen estas niñas en la escuela?

clase

Leemos en la **clase**.

escuela

Vamos a la **escuela**.

la

Yo hago **la** tarea.

mañana

Jugamos juntos por la **mañana**.

COLABORA

Tu turno

Di la oración para cada palabra. Luego, haz otra oración.

¡Conéctate! *Usa el glosario digital ilustrado.*

Sonido m

La palabra **mamá** comienza con el sonido m.

Con este sonido podemos formar las sílabas ma, me, mi, mo, mu.

Estas palabras tienen el sonido m.

mi	ama	mami
me	mimo	amo
mima	mamá	Ema

Mami me mima.

¡Y yo mimo a Meme!

Tu turno

Busca estas palabras con el sonido **m** en "Mi escuela".

mi   mamá   me   mima

Memo   amo   Mimí

13

Pregunta esencial

¿Qué haces en tu escuela?

Lee sobre lo que hace una niña en su escuela.

¡Conéctate!

Mi escuela

Matías Gómez

Mi mamá me mima.

Yo mimo a Memo.

Vamos a **la escuela** por la **mañana**.

Amo a Memo.

Mira a mi maestra.

Mira a Mimí.

Mira mi **clase**.

¡Amo mi escuela!

Detalles clave

Los **detalles clave** nos ayudan a entender un cuento.

Podemos hallar detalles clave en las palabras y en las ilustraciones de un cuento.

Busca evidencias en el texto

Busca un detalle clave acerca de la niña del cuento.

página 18

Vamos a **la escuela** por la **mañana**.

Detalle	Detalle	Detalle
La niña va con Memo a la escuela.	La niña saluda a la maestra.	A la niña le gusta ir a la escuela.

Tu turno

COLABORA

Comenta otros detalles clave de "Mi escuela".

¡Conéctate! Usa el organizador gráfico interactivo.

 # De lectores...

Ideas Meme pensó en algo que hizo en la escuela y escribió sobre eso.

Narración de Meme

Yo juego en la escuela.

Juego con Ema.

Tu turno

COLABORA

Cuenta la idea sobre la que escribió Meme.

a escritores

Oraciones Una **oración** es un grupo de palabras que expresa una idea.

Las oraciones comienzan con una letra mayúscula.

Juego con Ema.

Tu turno

- Subraya otra oración en la narración de Meme. Encierra en un círculo la mayúscula inicial.
- Escribe otra oración.

Sachiko Yoshikawa

Pregunta esencial

¿Cómo es el lugar donde vives?

¡Conéctate!

Desde mi ventana

COLABORA

Coméntalo

¿Qué ve el niño desde su ventana?

29

ayuda

Mamá me **ayuda** a bajar.

muy

La ciudad es **muy** grande.

pan

¡Me encanta el **pan**!

parque

Me gusta ir al **parque**.

Tu turno

Di la oración para cada palabra.
Luego, haz otra oración.

¡**Conéctate!** *Usa el glosario digital ilustrado.*

(tl) Nick Higham/Alamy; (bl) Grant V Faint/Getty Images; (tr) Ingram Publishing/SuperStock; (br) unique india/ photosindia/Getty Images

Sonido p

La palabra **puma** comienza con el sonido p.

Con este sonido podemos formar las sílabas pa, pe, pi, po, pu.

Estas palabras tienen el sonido p.

papa	papi	Pepe
pomo	Pame	upa
mapa	mopa	Pipo

Ángel Uriel Pérez

Pepe está con Pame.

¿Es para mí, Pame?

Tu turno

COLABORA

Busca estas palabras con el sonido
p en "¿Vamos, papá?".

papá   mapa

puma   upa

Jason Chapman

Pregunta esencial

¿Cómo es el lugar donde vives?

Lee sobre lo que hacen una niña y su papá en la ciudad donde viven.

¡Conéctate!

¿Vamos, papá?

Carmen Delfino

Ángel Uriel Pérez

34

Papá me **ayuda** con mi **pan**.

¿Vamos, papá?

Papá mira un mapa.

¡Papá, veo un puma!

¿Vamos al **parque**, papá?

Ángel Uriel Pérez

Papá es **muy** bueno.

Papá me hace upa.

¡Amo a mi papá!

Detalles clave

Los **detalles clave** nos ayudan a entender un cuento.

La secuencia es el orden en que se presentan los detalles clave.

 Busca evidencias en el texto

Busca un detalle de una de las cosas que hacen la niña y su papá primero.

página 38

Papá mira un mapa.

Ángel Uriel Pérez

Detalle	Detalle	Detalle
Primero, la niña y su papá miran un mapa.	Luego, van al zoológico y al parque.	Por último, vuelven a casa.

Tu turno

COLABORA

¿Qué sucede luego? Comenta otros detalles clave de "¿Vamos, papá?".

¡Conéctate! Usa el organizador gráfico interactivo.

De lectores...

Ideas Pepe pensó en un lugar. Para describir ese lugar, pensó en detalles.

Oraciones de Pepe

Amapá es grande. Tiene una escuela y un parque. Yo tengo un mapa.

Tu turno

COLABORA

¿Qué detalles incluyó Pepe en sus oraciones que describen un lugar?

a escritores

Orden de las palabras en la oración Las **palabras** de una oración deben estar en **orden** para que la oración tenga sentido.

Las oraciones enunciativas terminan con un punto.

Yo tengo un mapa.

Tu turno

- Subraya otra oración que escribió Pepe. ¿Están las palabras en el orden correcto? Encierra en un círculo el punto final.
- Escribe otra oración.

47

Pregunta esencial

¿Por qué es especial una mascota?

¡Conéctate!

Amigos especiales

 Coméntalo

¿Qué mascota tienes o te gustaría tener?

baja

El gato **baja** del árbol.

nada

Mi mascota **nada** muy bien.

saluda

Clara **saluda** a su tortuga.

sube

El gato **sube** al árbol.

COLABORA

Tu turno

Di la oración para cada palabra. Luego, haz otra oración.

¡Conéctate! *Usa el glosario digital ilustrado.*

Sonido t

La palabra **topo** comienza con el sonido t.

Con este sonido también podemos formar las sílabas ta, te, ti, to, tu.

Estas palabras tienen el sonido t.

toma	tapa	meta
tu	pata	Tito
Tato	pito	tomate

Constanza Basaluzzo

Tita tiene un pato.

El pato de Tita come papa y tomate.

Tu turno

COLABORA

Busca estas palabras con el sonido t en "Mi Tato y yo".

Tato   **este**   **pata**

Pumita

Pregunta esencial

¿Por qué es especial una mascota?

Lee acerca de la nueva mascota de Pumita.

¡Conéctate!

Constanza Basaluzzo

Mi Tato y yo

Este es Pumita.

Saluda a Tato.

Tato es su mascota.

Pumita mima a Tato.

—¡Ayuda, Pumita!

—¡Mi pata, Pumita, mi pata!

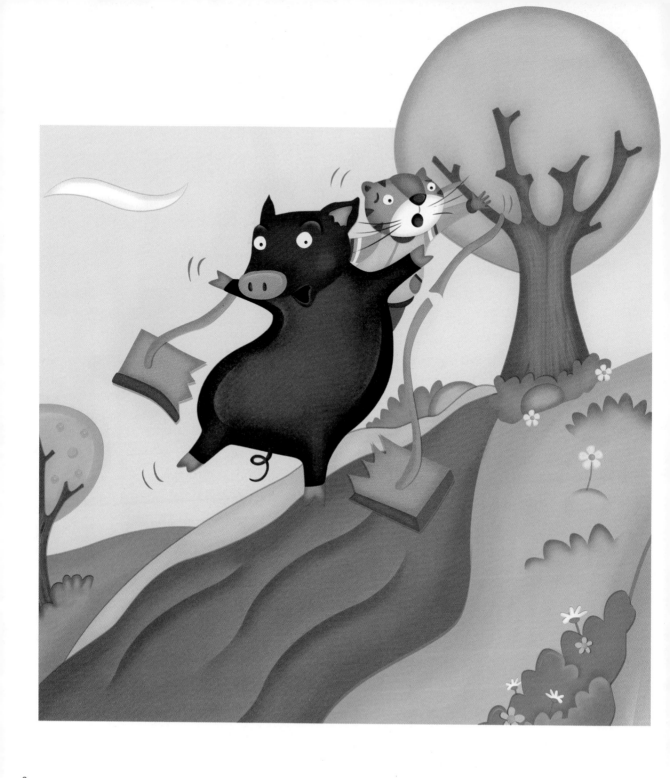

—¡Ayuda, Tato!

—¡**Baja**, Tato, baja!

Tato **nada**.

Pumita **sube**.

Tato ayuda a Pumita.

¡Y Pumita ayuda a Tato!

Detalles clave

Los **detalles clave** te ayudan a entender un cuento.

Los detalles clave pueden aparecer en orden.

 Busca evidencias en el texto

Busca detalles clave en el cuento.

página 57

Tato es su mascota.

Pumita mima a Tato.

Detalle	Detalle	Detalle
Pumita tiene una mascota llamada Tato.	Pumita ayuda a Tato a entrar en la casa.	Tato ayuda a Pumita a subir. Tato es una buena mascota.

Tu turno

COLABORA

Habla sobre tus detalles favoritos en "Mi Tato y yo". Nómbralos en orden.

¡Conéctate! *Usa el organizador gráfico interactivo.*

 # De lectores...

Ideas Tati escribió un diálogo acerca de un pumita.

Ella usó detalles para describirlo.

Oraciones de Tati

—¿Quién es Pumita?

—Pumita es mi

mascota. Es muy rápido.

Tu turno

COLABORA

- Di qué detalles usó Tati para describir su idea.

- Di qué detalles vas a usar tú para describir una mascota.

a escritores

Oraciones enunciativas Una **oración enunciativa** afirma o niega algo. Un diálogo puede tener oraciones enunciativas. Un diálogo comienza con una raya.

—Pumita es mi mascota.

Tu turno

COLABORA

- Subraya otra oración enunciativa en el diálogo de Tati.

- Haz un círculo a las rayas de diálogo.

- Escribe otra oración enunciativa.

¿? **Pregunta esencial**

¿Qué hacen juntos los amigos?

¡Conéctate!

Compassionate Eye Foundation/Tanya Constantine/Photodisc/Getty Images

68

Solo por diversión

 Coméntalo

¿Qué hacen juntos
tú y tus amigos?

amigo

Yo pinto
con mi **amigo**.

el

Jugamos
en **el** parque.

mejor

El subibaja es **mejor** de a dos.

también

¿**También** te gusta patinar?

Tu turno

Di la oración para cada palabra.
Luego, haz otra oración.

¡Conéctate! *Usa el glosario digital ilustrado.*

Sonido l

La palabra **lupa** comienza con el sonido l.

Con este sonido podemos formar las sílabas la, le, li, lo, lu y sílabas que terminan en l.

Estas palabras tienen el sonido l.

lata	loma	tela
ola	pala	pelota
pila	pelo	alto

Lalo patea la pelota.

¡Se la pasa a Lolo!

COLABORA

Tu turno

Busca estas palabras con el sonido l en "¿Te gusta jugar?".

el	la	pelota	ola
apila	pila	alta	tela

Pregunta esencial

¿Qué hacen juntos los amigos?

Lee acerca de amigos que juegan juntos.

¡Conéctate!

74

¿Te gusta jugar?

Ariel Skelley/Stone/Getty Images

Me gusta jugar.

¿A ti **también**?

¡Juego con mis **amigos**!

La pelota sube alto.

¡Alto, alto, alto!

¡Patea la pelota, amigo!

Jose Luis Pelaez/Iconica/Getty Images

¡Hago la pila más alta!

Hago muñecos con mi amigo.

Juego en **el** parque.

¡Jugar es lo **mejor**!

Detalles clave

Los **detalles clave** dan información importante sobre la lectura.

Las fotos pueden ayudarnos a descubrir detalles clave.

🔍 **Busca evidencias en el texto**

Busca un detalle clave sobre lo que hacen juntos los amigos.

página 78

La pelota sube alto.
¡Alto, alto, alto!

Corbis Bridge/Alamy

Detalle	Detalle	Detalle
Los amigos patean una pelota.	Los amigos hacen muñecos.	Los amigos juegan en el parque.

Tu turno

COLABORA

Comenta otros detalles clave de "¿Te gusta jugar?".

¡Conéctate! Usa el organizador gráfico interactivo.

altrendo images/Getty Images

De lectores...

Organización Para organizar su narración, Lili comparó detalles.

Narración de Lili

Milo patea la pelota. ¡Yo también! ¿Lalo patea la pelota? ¡No, Lalo no! ¿Qué hace Lalo? Lalo hace una pila.

COLABORA

Tu turno

Di qué detalles compara Lili.

a escritores

Oraciones interrogativas y exclamativas Una **oración interrogativa** es una pregunta y va entre signos de interrogación. Una **oración exclamativa** expresa una emoción y va entre signos de exclamación. Las dos comienzan con mayúscula.

¿Lalo patea la pelota?

¡No, Lalo no!

Tu turno

COLABORA

- Subraya otra oración exclamativa en la narración de Lili. Haz un círculo a la coma.
- Escribe una pregunta.

Nathan Jarvis

87

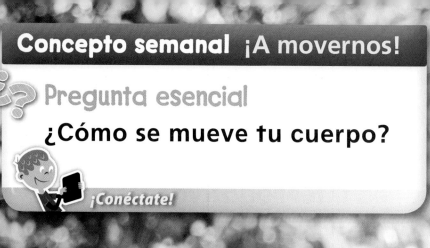

Preparados, listos, ¡a moverse!

Coméntalo

¿Qué partes del cuerpo mueven estas personas?

correr

A mi mascota le gusta **correr**.

dos

¡Mira a mis **dos** gatitos!

mover

¡Vamos a **mover** los pies!

saltar

¿Te gusta **saltar**?

(tl) ©Ocean/Corbis; (bl) Westend61/SuperStock; (tr) Peter Cade/Iconica/Getty Images; (br) Alistair Berg/ Digital Vision/Getty Images

Tu turno

COLABORA

Di la oración para cada palabra. Luego, haz otra oración.

¡Conéctate! Usa el glosario digital ilustrado.

Sonido s̲

La palabra **s̲apo** comienza con el sonido s̲.

Con este sonido formamos las sílabas s̲a, s̲e, s̲i, s̲o, s̲u y sílabas que terminan en s̲.

Estas palabras tienen el sonido s̲.

s̲opa   s̲ol   pes̲a

pis̲o   s̲ala   pas̲to

s̲alto   mes̲a   mes̲

Kevin Zimmer

Susi salta en la sala.

Sole pasa y saluda a Susi.

Tu turno

Busca estas palabras con s en "¡Correr, mover y saltar!".

este	sale	salta	sapito
Sami	las	patas	Susi
sola	olas	pasto	sala

Pregunta esencial

¿Cómo se mueve tu cuerpo?

Lee acerca de cómo se mueven los animales y los niños.

¡Conéctate!

¡Correr, mover y saltar!

Paul van Hoof/ANP Photo/age fotostock

Este amigo sale a **saltar**.

¡Salta, sapito, salta!

A Sami también le gusta saltar.

¡Salta, Sami, salta!

Robert Daly/OJO Images/Getty Images

Este amigo nada solito.

Le gusta **mover** las patas.

Susi nada sola en las olas.

¡Nada, Susi, nada!

Este amigo sale a **correr**.

¡Sale a correr por el pasto!

A Lalo también le gusta correr.

¡Sale a correr con su amigo!

Este amigo se asoma al sol.

Saluda con **dos** patas.

Pepe se asoma y mira una estrella.

¡Sale, salta y toma la estrella!

Detalles clave

Los **detalles clave** dan información importante sobre la lectura.

Podemos hallar detalles clave en las fotos y las palabras del cuento.

Busca evidencias en el texto

Busca detalles clave que muestren cómo se mueve el perro.

página 98

Este amigo nada solito.

Le gusta **mover** las patas.

First Light/Alamy

Detalle	Detalle
El perro nada.	Mueve las patas.

COLABORA

Tu turno

Comenta los detalle clave de
"¡Correr, mover y saltar!".

¡Conéctate! **Usa el organizador gráfico interactivo.**

Kevin Zimmer

105

De lectores...

Organización En su narración sobre fútbol, Sami contó los sucesos en orden.

Narración de Sami

Yo pateo la pelota. Se la paso a Pame. ¡Patea la pelota, Pame! ¿Qué pasa? ¡Hace un gol!

Tu turno

COLABORA

Di en qué orden se cuentan los sucesos en la narración de Sami.

a escritores

Escribir oraciones Algunas **oraciones** son enunciativas. Otras son preguntas o exclamaciones. Las oraciones empiezan con mayúscula, y terminan con un punto o llevan signos de pregunta o de exclamación.

Yo pateo la pelota.

Tu turno

- Lee las oraciones de la narración de Sami.

- Encierra la coma en un círculo.

- Escribe más oraciones enunciativas, preguntas y exclamaciones.

Kevin Zimmer